선사시대부터 현대사까지 흐름 꿰뚫기

초등 한국사 ⑥

조선시대 3 : 조선 후기

공부한 달 :   년   월

〈6호 수업안내문 | 조선시대 3 : 조선 후기〉

제목	학습목표	학습내용
1차시 영조 · 정조 시대	· 영조의 탕평 정치와 정조의 개혁 정치를 이해한다. · 정조가 화성을 건설한 이유를 이해한다.	01 영조의 탕평 정치 02 정조의 개혁 정치 03 정조의 화성 건설 04 정조의 화성능행도
2차시 서양 문물과 서학의 전래	· 서양 문물의 전래로 달라진 조선 사회의 변화를 이해한다. · 천주교의 전래와 전파 과정을 이해한다.	01 서양 문물의 전래 02 천주교(서학)의 전래(1784) 03 천주교의 확산과 박해 04 동학의 탄생(1860)
3차시 실학의 등장	· 실학이 등장하게 된 배경을 이해한다. · 다양한 실학자들의 사상과 활동을 이해한다.	01 실학의 등장 02 토지 제도를 개혁하자! 03 상공업을 발전시키자! 04 우리 것을 연구하자!
4차시 세도 정치와 농민 봉기	· 정조의 죽음 후 이어진 세도 정치의 폐해를 이해한다. · 세도 정치에 대항해 들고 일어난 농민의 성장과 저항에 대해 이해한다.	01 세도 정치(1800~1863) 02 조선 후기의 민간 신앙 03 홍경래의 난(1811) 04 진주 농민 봉기(1862)

이 달에 배우는 한국사 연표

1725	1776	1780	1784
영조, 탕평책 실시	정조 즉위, 규장각 설치	박지원 〈열하일기〉	이승훈 천주교 영세

1786	1796	1800	1801	1811
서학 금지	수원 화성 완공	순조 즉위(세도 정치)	신유박해	홍경래의 난

1860	1861	1862	1863
최제우, 동학 창시	김정호, 대동여지도 제작	진주 농민 봉기	고종 즉위

1 영조·정조 시대

공부하고 스스로 평가하기

영조가 펼친 탕평 정치가 무엇인지 말할 수 있어요.

정조가 펼친 개혁 정치가 무엇인지 말할 수 있어요.

정조가 화성을 건설한 이유를 말할 수 있어요.

화성능행도 그림을 보고 당시 백성들의 마음을 느낄 수 있어요.

영조는 신하들이 서로 편을 갈라 싸우는 붕당의 다툼을 막기 위해 탕평책을 실시하여 정치를 안정시키고자 노력했습니다.

영조 – 탕탕평평, 탕평 정치를 펼치다!

영조(1694~1776)

1725년 영조 임금이 즉위할 당시 조선은 붕당 사이의 다툼이 아주 심했다. 붕당이란 끼리끼리 당을 지어 모인다는 뜻이다. 같은 고향이나 같은 스승 밑에서 공부한 사람끼리 무리를 지어 붕당을 만들어, 자기 당과 뜻이 맞지 않으면 상대 당을 모함하고 죽이기까지 했다. 그러자 영조는 붕당 간의 싸움을 금지하는 명령을 내렸다.

"이제부터 붕당을 만드는 자는 벼슬을 빼앗고 멀리 쫓아내겠다. 절대 붕당을 만들지 마라."

영조는 어느 한쪽의 붕당 편을 들지 않고 서로 다른 붕당의 신하들을 골고루 관리로 등용했다. 이를 탕평책이라고 한다. 탕평이란 '어느 편에도 치우치지 않음'이라는 뜻이다. 영조는 유생들이 공부하는 성균관 입구에 탕평비를 세웠다. 성균관 학생들이 관리가 되면 붕당을 만들어 서로 싸우니 유생들한테 붕당에 들어가지 말라는 뜻을 전하기 위해 성균관 입구에 세운 것이다. 탕평비에는 "남과 두루 친하되 편당을 가르지 않는 것이 군자의 마음이요, 편당만 짓고 남과 두루 친하지 못하는 것은 소인배의 사사로운 마음이다."라고 새겨져 있다.

영조의 개혁 정치 – 백성들의 세금을 줄이도록 하라!(균역법)

영조는 조선 임금 중 경연(임금이 신하들과 유교의 경서와 역사를 공부하는 자리)을 아주 부지런히 한 임금이다. 왕이 중심이 되는 탕탕평평의 왕도정치를 펼치기 위해 공부와 강론을 게을리하지 않았다. 영조는 스스로 사치를 경계하고 민생을 위해 많은 개혁 정책을 실시했다. 그 대표적인 것이 균역법이다. 조선 시대에 16세 이상 된 남자들은 군사가 되는 대신 베(옷감) 두 필(한 필의 길이는 대략 가로 32cm, 세로 16cm 정도)을 내야 했다. 그러나 고된 농사일을 하면서 베를 짜 나라에 바치는 것은 쉽지 않은 일이라 베를 바치지 못해 옥에 갇히는 사람들이 많아졌고, 심지어 고향을 등지고 도망치는 사람도 생겨났다. 이렇게 백성들의 원망이 커지자 영조는 베를 한 필로 줄여 백성들의 부담을 덜어 주었다. 또한 신문고를 달고 궁성 밖 출입을 통해 백성들의 사정을 직접 듣고자 하였다. 영조 임금 때 마련된 안정을 바탕으로 그의 손자 정조는 더욱더 개혁 정치를 펼칠 수 있게 되었다. 영조와 정조 두 임금의 시대를 보통 조선 후기 중흥기라고 부른다.

1 붕당이란 무엇인가요? 어떤 사람들이 같은 붕당이 되었을까요?

朋 黨
벗 붕 무리 당

2 탕평이란 말은 〈서경(書經)〉 '홍범조(洪範條)'에 실려 있는 다음 문구에서 따온 말입니다. '탕'과 '평' 자를 찾아 동그라미하고 탕평의 뜻을 말해 보세요.

蕩 平
넓을 탕 평평할 평

無偏無黨 王道蕩蕩 無黨無偏 王道平平
무편무당 왕도탕탕 무당무편 왕도평평

→ 치우치거나 무리지음이 없으면 왕도가 넓고도 넓으리라,
무리지음이나 치우침이 없으면 왕도가 평평하고도 평평하리라.

3 영조가 탕평비를 성균관 앞에 세운 이유는 무엇일까요? 내가 성균관 유생이라면 탕평비를 보고 무슨 생각을 했을까요?

탕평비(서울 성균관)

4 영조가 백성들을 위해 펼친 다음 개혁 정치가 무엇인지 설명해 보세요.

균역법

均 役 法
고를 균 부릴 역 법 법

신문고

申 聞 鼓
알릴 신 들을 문 북 고

5

정조는 규장각을 설치하고 새로운 인재를 뽑아 개혁 정치를 펼쳐 조선의 문화와 학문을 크게 발전시켰습니다.

정조 - 왕권 강화

정조(1752~1800)

　1776년 3월 영조가 죽고 왕위에 오른 정조 역시 탕평책을 실시했다. 정조는 붕당 간의 싸움에 휘둘리지 않고 나라를 바로 세우기 위해서는 왕의 힘을 강화해야 한다고 생각했다. 그러기 위해서는 자신의 뜻을 따라줄 신하와 군대가 필요했다. 그래서 정조는 궁궐에 왕실 도서관인 '규장각'을 세워 자신의 뜻을 따라줄 신하들을 길러내고, 자신을 지켜줄 '장용영'이라 불리는 왕의 친위부대를 만들었다.

개혁 정치의 산실 - 규장각

규장각(창덕궁 후원, 1층 규장각, 2층 주합루)

　25세의 젊은 군주 정조는 붕당과 관계없이 젊고 유능한 인재들을 뽑아 규장각에서 열심히 학문을 연구하게 했다. 그 동안 벼슬길에 오를 수 없었던 서얼(첩의 자식) 신분이라도 능력 있는 인재라면 과감하게 등용했다. 서얼 출신인 박제가, 유득공, 이덕무, 서이수를 규장각 검서관으로 임명했고, 정약용 역시 정조의 신임을 받으며 규장각에서 활동했다. 이들은 당대의 능력 있는 학자로 이름을 떨쳤다. 정조는 규장각 학자들과 밤낮으로 나랏일에 대해 토론하고 새로운 정책을 세웠다. 이들 규장각 학자들은 정조의 든든한 지원군이 되어 정조의 개혁 정치를 도왔다.

정조가 세운 궁궐 밖 도서관 - 외규장각

외규장각(강화도)

　정조는 궁궐 안 도서관인 규장각 외에 강화도에 외규장각을 두어 왕실 관련 도서를 보관했다. 외규장각은 왕립 도서관인 규장각의 부속 도서관으로, 왕실이나 국가 주요 행사의 내용을 정리한 의궤를 비롯해 총 1,000여 권의 도서를 보관했다. 규장각에서 수집하고 보관한 많은 책들은 현재 서울대학교 규장각에 보관되어 있고, 외규장각 도서들은 1866년 병인양요 때 프랑스군이 강화도를 습격하면서 도서 359점을 약탈해 갔고, 나머지는 불에 타 없어졌다.

1 정조는 왜 왕권을 강화하기 위해 노력했나요?

2 다음 두 기관은 정조가 왕권을 강화하는 데 어떠한 도움을 주었나요?

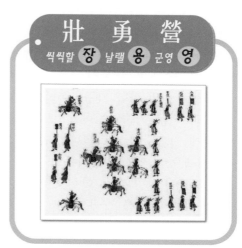

3 다음 규장각에서 활동한 학자 중 서얼 출신이 아닌 사람은?

① 이덕무　　② 정약용　　③ 박제가　　④ 유득공

4 정조 때 세운 다음 두 도서관의 공통점과 차이점을 설명해 보세요.

규장각 (창덕궁 후원)

외규장각 (강화도)

정조는 신하들의 세력에 맞서 왕권을 강화하기 위해 현재의 수원에 화성을 건설하여 새로운 정치를 꿈꿨습니다.

수원 화성의 설계자 - 정약용

당시 한양에는 정조의 개혁 정치를 반대하는 신하들이 많았다. 그래서 정조는 아버지 사도세자의 무덤을 수원으로 옮기고, 그 곳에 신도시를 만들어 수도를 옮길 계획을 세웠다.

수원 화성의 설계는 정조의 신임을 받던 실학자 정약용이 맡았고, 중국을 통해 들어온 서양 과학 기술을 활용해 거중기, 녹로 등의 과학 기구를 만들어 성곽을 쌓았다. 정조는 백성들과 전문 기술자들에게 모두 일당을 주었고, 화성 건설 때문에 철거당한 사람들에게도 보상을 아끼지 않았다. 이러

정약용(1762~1836)

한 정책으로 정조는 백성들의 민심을 잃지 않고 2년 만에 신속하게 공사를 끝낼 수 있었다. 화성이 완공된 후 화성으로 이주하는 백성들에게도 많은 혜택을 주는 정책으로 화성은 빠르게 자리를 잡아 갔다. 화성은 절반 정도는 산성이고 나머지는 읍성 형태를 띠고 있는데, 산성은 군사 요충지를 보호하기 위한 시설이라면 읍성은 사람들의 주거지를 지키고 보호하기 위한 시설이다. 수원 화성은 산성과 읍성이 혼합된 아름다운 성곽 건축물로 그 가치를 인정받아 1997년 유네스코 세계 문화유산으로 지정되었다.

화성 건설에는 서양 기술을 응용해 만든 거중기와 녹로를 사용했습니다. 다음 그림을 보고 어떻게 돌을 들어 올렸을지 상상해 봅시다.

거중기

녹로

2 다음 화성 그림을 보고 4대문과 주요 건축물을 찾아보며 그 기능을 말해 보세요.

사대문

창룡문(동쪽문),   화서문(서쪽문),
팔달문(남쪽문),   장안문(북쪽문)

주요 건축물

화홍문 : 화성 북쪽에 있는 수문
봉 돈 : 봉화 연기를 피우는 봉수대
서장대 : 장수가 군사를 지휘하던 곳
서북공심돈 : 속이 빈 돈대
          (성곽 주변을 감시하는 군사 시설)

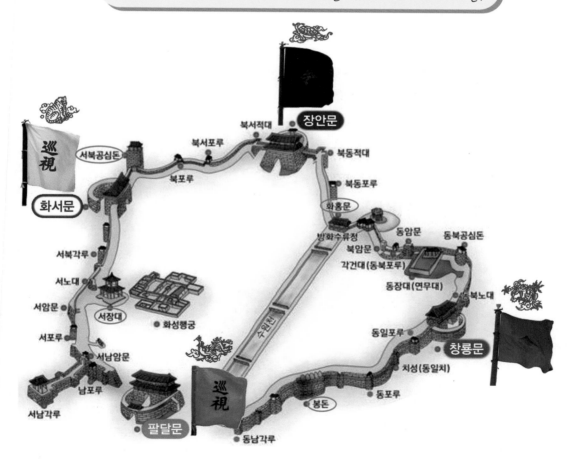

정조의 화성능행도

정조는 15차례의 화성 능행길에 백성들의 목소리를 직접 들으려고 노력한 임금이 었습니다. 〈화성능행도〉 그림을 감상하며 정조가 어떤 임금이었는지 느껴 봅시다.

정조의 행차 – 격쟁

조선 시대 왕은 궁 밖으로 행차를 하기도 하였다. 왕의 행차는 백성들에게 별다른 도움이 되지 않아 그리 반갑지 않은 일이었다. 왕의 행차를 위해 백성들은 길을 미리 닦거나 세금을 내야 하는 등 여러 가지 어려움을 겪었으나 정작 왕이 행차할 때는 그 모습조차 자유롭게 볼 수도 없었다. 그러나 정조는 행차할 때마다 백성들이 자유롭게 구경하도록 하였고 백성들과 직접 대화하고자 했다. 누구든 억울한 일을 왕에게 직접 호소할 수 있도록 격쟁(擊錚 : 임금 행차길에 꽹과리를 두드리며 억울함을 호소하던 제도) 제도도 운영했다.

Ⅰ 다음은 정조가 화성에 도착하여 첫 번째 공식행사로 거행한 성묘(聖廟) 참배 장면입니다. 백성들의 모습을 찾아보세요.

〈알성도(謁聖圖)〉, 국립중앙박물관 소장

백성들의 분위기가 어떠한가요?

2 다음은 화성 행궁을 출발하여 서울로 올라오는 장대한 행렬을 묘사한 작품입니다. 무려 6,000여 명의 인원과 1,400여 필의 말이 동원되었습니다. 백성들의 모습을 찾아보며 백성들이 정조 임금을 어떻게 생각했을지 상상해 보세요.

다음 장면을 오른쪽 그림에서 찾아봐요.

〈시흥환어행렬도(始興還御行列圖)〉, 삼성미술관 리움 소장

정조의 격쟁 제도

다음 김홍도의 그림을 보고 각 인물들이 했을 법한 말을
말풍선에 써 넣으면서 정조의 격쟁 제도를 이해합시다.

격쟁 상소의 장면을 그린 김홍도의 〈취중송사〉

2 서양 문물과 서학의 전래

학습목표

• 서양 문물의 전래로 달라진 조선 사회의 변화를 이해한다.
• 천주교의 전래와 전파 과정을 이해한다.

학습내용

01 서양 문물의 전래
02 천주교(서학)의 전래
03 천주교의 확산과 박해
04 동학의 탄생(1860)

공부하고 스스로 평가하기

○ 서양 문물의 전래로 달라진 세계관을 말할 수 있다. ☆☆☆☆☆

○ 천주교가 조선에 들어온 과정을 말할 수 있다. ☆☆☆☆☆

○ 천주교의 확산 과정과 박해받은 이유를 말할 수 있다. ☆☆☆☆☆

○ 동학의 탄생 및 확산 과정, 금지된 이유를 말할 수 있다. ☆☆☆☆☆

01 서양 문물의 전래

새로운 서양 문물의 전래는 조선 사람들에게 중국 이외의 넓은 세상이 있다는 것을 깨닫게 해 주었습니다.

세계관의 변화

17세기 무렵 중국에 파견된 조선의 사신들은 당시 중국에 머물고 있던 서양의 선교사들을 만나 서양 문물을 접했다. 그들 중 일부는 서양 문물을 조선에 들여와 소개했는데, 이때 들어온 대표적인 것으로 천리경(망원경), 자명종(시계), 곤여만국전도(세계지도) 등이 있다. 그때까지 중국을 세계의 중심이라고 생각했던 조선 사람들은 새로운 서양 문물을 접하고 난 후 중국 이외의 넓은 세계가 있다는 사실을 깨닫게 되었다.

〈곤여만국전도〉

〈곤여만국전도〉는 조선 후기에 중국을 통해 들어온 서양식 세계 지도이다. 명나라에서 선교 활동을 하던 예수회 신부 마테오 리치와 명나라 학자가 함께 만들어 목판으로 찍어낸 지도로서 가로 533cm, 세로 170cm이다. 세계를 사각형으로 인식하고 있던 당시 조선 사람들에게 원으로 표현된 이 세계지도는 많은 영향을 미쳤다. 조선은 이 지도의 영향으로 〈곤여만국전도〉와 비슷한 서양식 지도를 만들기 시작했다.

조선을 소개한 〈하멜 표류기〉

17세기 중엽 네덜란드 사람인 하멜 일행을 태운 배가 일본으로 가던 중 태풍을 만나 제주도에 표류했다. 하멜은 표류한 지 14년 만에 고국으로 돌아가 조선에서 겪은 생활을 담은 〈하멜 표류기〉를 펴냈다. 〈하멜 표류기〉에는 하멜의 조선 생활 외에도 조선의 지리와 풍속, 군사, 교육, 상업 활동 등에 대한 내용이 기록되어 있어 당시 조선의 모습을 짐작할 수 있다. 〈하멜표류기〉는 1668년 네덜란드어로 발간되었으며 서양 사람들에게 조선을 소개한 최초의 책이 되었다. 하멜은 평생 독신으로 살다가 1692년 62세의 나이로 세상을 떠났다.

〈하멜 표류기〉

┃ 조선의 사신들은 주로 누구를 만나 서양 문물을 접할 수 있었나요?

① 학자   ② 예술가   ③ 선교사   ④ 군인

┃ 선교사(宣베풀선 教종교교 師스승사) : 종교를 베푸는 스승 : 종교를 퍼뜨리는 사람

2 다음 중 조선 후기에 들어온 서양 문물이 아닌 것은?

①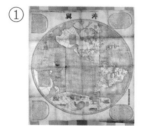
곤여만국전도

②
자명종

③
천리경

④
해시계

3 다음 두 지도를 보고 중국이 어떻게 그려져 있는지 비교해 보세요. 조선 사람들은 〈곤여만국전도〉를 보고 어떠한 생각을 했을까요?

〈혼일강리역대국도〉(1402)

〈곤여만국전도〉(1602)

4 조선을 세계에 최초로 알린 다음 책이름은 무엇인가요?

8월 18일 아침 우리는 큰 텐트를 만드느라 바빴다. 정오 무렵 1000~2000명에 이르는 기병과 병사들이 우리 주위로 다가왔다. …… 그들은 잠시 동안 그렇게 있은 후, 우리 선원들에게 무릎을 꿇으라고 했다. 지휘관은 우리에게 몇 가지 질문을 하였으나 우리는 그의 말을 알아들을 수가 없었다.

02 천주교(서학)의 전래

천주교는 처음에 서학이라는 학문으로 소개되어 학자들 사이에서 연구되다가 점차 일부 학자들이 천주교를 신앙으로 받아들이면서 널리 퍼져 나갔습니다.

'서학'의 등장 – 서양 학문을 연구하다

조선의 사신들은 중국에서 서양 선교사들을 만나 과학 기술과 관련된 서양 문물만 접한 것은 아니었다. 선교사들의 주된 관심이 포교 활동이었기 때문에 중국에는 이미 여러 곳에 천주교회들이 세워져 있었고, 조선 사신 중 어떤 이들은 교회를 찾아가 선교사들과 학문과 종교에 대한 이야기를 나누면서 서양의 종교 서적을 조선에 소개했다. 이렇게 중국을 통해 들어온 서양 책들을 연구하기 시작하면서 '서학'이라는 새로운 학문이 생겼다. 처음에는 서양의 과학 기술에 호기심을 가지고 연구했을 뿐 천주교를 신앙으로 받아들이지는 않았다. 그러나 중국에서 천주교 교리 책 〈천주실의〉가 들어오면서 학자들은 〈천주실의〉를 읽고 다양한 평가를 하였다. 서학이 유교를 보충한다고 생각하는 사람도 있었고, 서학은 잘못된 학문이라고 배척하는 사람도 있었다. 이렇게 처음에는 천주교를 서양의 학문으로 연구했으나 시간이 지나면서 이들 중 서학을 신앙으로 받아들이는 사람들이 생겨났다.

❙〈천주실의〉: 이탈리아 선교사 마테오 리치가 천주교를 동양에 전파하기 위해 한문으로 쓴 책이며, 한글본은 절두산 순교 박물관에 소장되어 있다.

최초의 천주교 세례자 – 이승훈(1756 ~ 1801)

경기도 광주에 있는 천진암은 천주교 신앙이 싹튼 곳이다. 천주교에 관심을 가진 이벽, 권철신, 정약전 등이 이 곳에서 공부를 하다가 천주교 교리를 깨닫고 자발적으로 신앙 생활을 시작했다. 이벽과 함께 천주교에 심취해 있던 이승훈은 1784년 아버지를 따라 청나라에 가서 베이징 천주교회를 찾아가 베드로라는 세례명을 받고 교리서, 십자가상, 성화, 묵주 등을 가지고 돌아왔다. 우리나라 최초의 세례교인이 된 이승훈이 돌아온 후 이벽, 정약용, 권철신, 김범우 등은 일주일에 한 번씩 김범우 집에서 모여 예배를 드렸다. 이것이 우리나라 최초의 천주교 교회이다.

1 중국에 있던 서양 선교사들은 조선의 사신들에게 왜 서양 문물을 소개해 주었을까요?

2 서학이란 무엇인가요? 내가 당시 조선의 사신이었다면 서양 학문을 연구했을까요?

西 學
서양 서 학문 학

3 〈천주실의〉라는 책을 소개해 보세요. 조선의 학자들은 〈천주실의〉를 읽고 어떠한 평가를 내렸나요?

 지은이
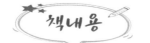 책내용
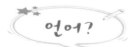 언어?

4 중국에 있던 서양인 선교사가 당시의 이승훈을 보고 다음과 같은 기록을 남겼습니다. 물음에 답해 보세요.

> 작년 말 교당에 온 27세의 조선인 청년은 학식이 깊고 쾌활했다. 그는 신자가 되겠다는 진지한 마음을 품고 있었다. 우리는 세례에 앞서 꽤 긴 문답을 했는데 그는 진리라고 확신하는 종교를 위해 어떠한 고통도 죽음까지도 참아내겠다고 대답했다. 귀국할 때 그라몽 신부가 그에게 세례를 베풀고 베드로라는 이름을 지어 주었다.

이승훈의 영세(1784)

 이승훈은 어디에서 세례를 받나요?   이승훈의 세례명은 무엇인가요?

 이승훈이 가지고 온 성물들은 무엇인가요?

천주교는 유교 예법에 어긋난다는 이유로 나라에서 법으로 금지했음에도 불구하고 비밀리에 계속 퍼져 나갔습니다.

천주교의 확산

이승훈이 중국에서 영세를 받고 돌아온 후부터 신앙 운동은 더욱 활발해졌다. 일부 학자들만 믿었던 신앙 활동이 상민이나 부녀자들에게까지 퍼져 나갔다. 당시 신분 제도로 차별받고 있던 백성들에게 세상의 모든 사람은 평등하고 누구든지 착하게 살면 천국에 갈 수 있다는 천주교의 가르침은 큰 호응을 얻었다. 하느님 앞에 만인은 평등하고 모두 하느님의 자녀로서 한 형제라는 가르침은 양반과 천민, 남자와 여자라는 엄격한 신분 차별이 있던 조선 사회에서 참으로 획기적인 것이었다. 상민이 양반과 함께 한 교회에서 평등한 지위로 만날 수 있게 된 것은 당시로서는 새로운 일이었다. 이후 천주교를 믿는 사람들 수가 빠르게 늘어났다.

명동 성당

천주교 금지

천주교를 믿는 사람들이 많아지면서 조상의 제사를 지내지 않는 사람들이 생겨났다. 이것은 유교에서 가장 중요시하는 충과 효를 정면으로 거부하는 반역 행위였다. 결국 나라에서는 천주교를 법으로 금하였다. 천주교가 유교 예법에 어긋나며 우리 고유의 풍속을 해친다고 생각한 것이다.

천주교는 남녀 유별도 모른단 말인가?

조상님께 제사를 드리지 않다니, 천주교도는 모두 불효자가 아닌가?

하느님 앞에서는 양반과 상민의 구별도 남녀의 차별도 있을 수 없습니다.

천주교도는 돌아가신 조상님들을 천주교식으로 공경합니다. 결코 불효자들이 아닙니다.

1791년 전라도에 사는 양반 윤지충이 천주교도여서 모친상을 당하고도 제사를 지내지 않고 신주를 불살라버렸다고 해서 처형당했다. 이후 궁궐에 보관되어 있던 서학 책들도 모두 불태우고 서학 책을 갖고 있기만 해도 죄가 되었다. 그 뒤 천주교는 탄압을 피해 지하로 숨어들었지만 비밀리에 계속 퍼져 나가 교인은 계속 늘어났다.

1 조선 후기에 천주교가 급속히 확산될 수 있었던 까닭은 무엇인가요?

2 나라에서 천주교를 금지한 까닭은 무엇인가요?

3 윤지충이 처형당한 전주 풍남문 근처에는 전동 성당이 세워졌습니다. 윤지충은 왜 처형당했나요?

전동 성당(전주) ▶

4 만약 내가 당시 조선 사람이라면 천주교 신자가 되었을까요, 안 되었을까요?

> 천주교 신자가 되었을 것이다.

> 천주교 신자가 안 되었을 것이다.

----

04 동학의 탄생(1860)

최제우는 1860년 서학에 맞서 우리 것을 강조하고 사람은 곧 하늘이라는 인내천 사상을 기반으로 하는 새로운 종교인 동학을 창시했습니다.

최제우 - 동학의 탄생(1860)

최제우(1824 ~ 1864)

서양에서 들어온 천주교가 백성들 사이에 한창 퍼져 나갈 무렵 우리 것을 강조하는 새로운 종교인 동학이 생겨났다. 가난한 양반의 아들인 최제우는 서학이 우리 것을 해치고 우리 사회를 위태롭게 한다고 생각했다. 또한 유학만으로는 백성들이 원하는 개혁과 변화를 이룰 수 없기 때문에 새로운 종교가 필요하다고 생각했다. 이에 최제우는 서양의 힘을 배경으로 한 서학에 맞선다는 의미에서 동학을 창시하였다.

동학은 서학에 대항하기 위하여 만들어진 것이지만 서학의 장점을 받아들였으며, 전통적인 민간 신앙, 유교, 불교 등이 모두 녹아 있다. 동학은 인내천과 후천 개벽 사상을 내세웠다. 인내천은 사람이 곧 하늘이라는 생각으로 모든 사람이 평등해야 한다는 뜻을 담고 있다. 후천 개벽 사상은 지금의 세상이 끝나고 백성들이 바라는 새로운 세상이 열릴 것이라는 생각으로 당시 살아가기 어려웠던 백성들에게 새로운 희망을 심어 주었다. 동학은 사람이 곧 하늘이라는 '인내천 사상'과 함께 부패한 관리에 대한 처벌과 신분 차별 폐지, 토지 균등 분배 등을 주장하면서 백성들 사이에서 빠르게 퍼져 나갔다.

동학 금지

동학의 사상은 양반과 상민의 신분 차별이 엄격했던 조선 사회에서 받아들여지기가 어려웠다. 그래서 나라에서는 동학이 세상을 어지럽히고 백성들을 속이는 종교라 하여 금지하고 최제우를 잡아들여 처형했다. 최제우의 가르침은 최시형으로 이어졌다. 최시형은 숨어 다니면서 동학을 전파했으며, 그 결과 경상도에서 시작된 동학은 전라도와 충청도까지 퍼지게 되었다. 이렇게 백성들 속으로 파고들어간 동학은 30년 뒤에 동학 농민 운동으로 되살아났다.

> 사람이 곧 하늘이라. 그러므로 사람은 평등하며 차별이 없나니 사람이 마음대로 귀천을 나눔은 하늘을 거스르는 것이다. 우리 도인은 모든 차별을 없애고 스승의 뜻을 받들어 생활하기를 바라노라.　　　 - 최시형

1 다음 글을 읽고 최제우가 동학을 만든 이유를 말해 보세요.

> 여러 도인에게 말씀드립니다.
>
> 우리 세상은 너무 혼란합니다. 나라를 다스리는 사람들이 자신의 욕심만 채우고 있습니다. 인제 새로운 세상을 만들어야 합니다. 마음 속의 한울님을 섬기십시오. 서학(천주교)도 하늘의 뜻을 받은 것입니다. 하지만 우리의 풍습을 어지럽히고 있습니다. 우리 고유의 것을 지키기 위해서는 동학을 믿어야 합니다. (〈동경대전〉)

2 다음 동학의 중심 사상을 한자의 음훈을 보고 그 의미를 설명해 보세요.

人 乃 天
사람 인 곧 내 하늘 천

後 天 開 闢
뒤 후 하늘 천 열 개 열 벽

3 천주교와 동학이 백성들에게 널리 퍼진 이유는 무엇인가?

4 나라에서 동학을 법으로 금지한 이유는 무엇인가요?

5 천주교와 동학의 공통점과 차이점은 무엇인가요?

공통점

차이점

광고문 만들기

만약 내가 당시 조선 후기 백성이라면
서학과 동학 중 어느 종교를 믿었을까요?
하나를 선택하여 종교를 알리는 광고문을 만들어 보세요.

3 실학의 등장

학습목표

- 실학이 등장하게 된 배경을 이해한다.
- 다양한 실학자들의 사상과 활동을 이해한다.

학습내용

01 실학의 등장
02 토지 제도를 개혁하자!
03 상공업을 발전시키자!
04 우리 것을 연구하자!

공부하고 스스로 평가하기

○ 조선 후기에 실학이 등장하게 된 배경을 말할 수 있다.	☆ ★ ★ ★ ☆
○ 중농학파의 주장이 무엇인지 말할 수 있다.	☆ ★ ★ ★ ☆
○ 중상학파의 주장이 무엇인지 말할 수 있다.	☆ ★ ★ ★ ☆
○ 우리 것을 연구한 실학자들의 활동을 말할 수 있다.	☆ ★ ★ ★ ☆

조선의 유학자들이 백성들의 어려움을 제대로 해결하지 못하자 17세기 무렵부터 실제로 백성들이 잘살 수 있는 방법을 연구하는 실학이 등장했습니다.

실학 – 실생활에 도움이 되자!

조선 후기에는 일부의 지주가 대부분의 땅을 차지했기 때문에 대다수의 농민은 남의 땅을 빌려 농사를 짓는 형편이었다. 농업 기술의 발전으로 한 사람이 농사를 지을 수 있는 면적이 늘어나면서 농민들은 남의 땅을 빌려 농사를 짓는 것도 어려워지게 되었다. 게다가 지방 관리의 횡포는 농민들의 생활을 더욱 어렵게 만들었다. 그러나 당시의 유학은 실생활과는 거리가 멀어 백성의 어려움을 해결하는 데 도움을 줄 수 없었다. 또 서양의 과학 기술이 소개되면서 실용적인 학문 연구의 필요성을 깨달은 학자들이 나타나게 되었다. 이들은 실생활에 필요한 학문을 연구했는데, 이를 실학이라고 한다.

유학자와 실학자의 중국관 비교

유학자

세계는 세계의 중심인 중국(화)과 중국 주변의 여러 다른 민족(이 : 오랑캐)으로 나뉜다. 중국과 오랑캐 사이에서 조선은 중국에 버금가는 작은 중국, 곧 소화이다.

실학자

중국은 서양과 80도의 경도 차이가 있다. 중국인은 중국을 중심으로 삼고 서양을 변두리로 삼으며, 서양인은 서양을 중심으로 삼고 중국을 변두리로 삼는다. 하늘을 이고 땅을 밟는 사람이라면 모두 자신이 밟고 있는 땅을 중심으로 삼는 것이니, 중심과 변두리가 따로 없고 모두가 중심인 것이다.

실학자들의 다양한 주장들

실학자들은 나라를 다스리는 데 구체적인 도움이 되는 지식과 백성들을 잘살게 하는 방법을 찾기 위하여 노력하였다. 이들은 백성이 잘사는 나라를 만들기 위하여 제도를 개혁해야 한다고 주장했는데, 자신의 관심에 따라 주장하는 것이 달랐다. 부강한 나라가 되기 위하여 농업을 중시해야 한다고 주장하는 학자도 있었고, 상업의 발달을 강조한 사람도 있었다. 조선의 역사, 지리, 국어, 자연 등 우리 것에 관심을 가지고 연구한 학자도 있었다.

1 실학이란 무엇인가요?

實 學
열매 실 학문 학

┃실학 : 실제로 소용되는 참된 학문

2 유학자와 실학자의 중국관을 비교해 봅시다.

유학자

실학자

3 다음 중 나라를 부강하게 만들기 위해 실학자들이 주장한 내용은 ○, 아닌 것은 × 하고, ○ 문제, × 문제를 만들어 보세요.

> 토지 제도를 바로잡고 과학적인 농사 기술을 보급해야 한다.

> 나라가 발전하려면 상공업을 장려해야 한다.

> 사농공상의 신분 구별을 더욱 엄격히 해야 한다.

> ○

> ×

농업에 관심이 많은 실학자들은 토지 제도를 바꿔 농민들에게 땅을 나누어 주고, 과학적인 농사 기술을 널리 보급해야 한다고 주장했다.

농업에 대한 관심

조선 후기에 새로운 농사 기술이 널리 사용되면서 생산량이 늘어나자 넓은 땅을 소유하는 사람들이 생겨났다. 그러나 땅이 없는 농민들은 남의 땅을 빌려 농사를 짓거나 품을 팔아야 했으므로 살기가 더욱 어려워졌다. 농촌 사회의 문제에 관심을 가졌던 실학자들은 농민들이 자기 땅을 갖지 못하는 것이 가장 큰 문제라고 생각했다. 유형원, 이익, 정약용 같은 학자는 토지 제도를 개혁하여 농민들에게 땅을 나누어 주어야 한다고 주장했다. 이들은 대부분 농촌에 살면서 농업 중심의 개혁을 주장하여 중농학파라고 부른다.

중농학파 - 유형원, 이익, 정약용

유형원 유형원은 농민은 물론이고 노비들한테까지 고루 땅을 나누어 주어야 한다고 주장했다.

> 토지 제도가 바르지 않으면 백성의 생활이 안정되지 않고 나라의 제도 또한 공정함을 잃게 되어 풍속까지 혼란스러워진다. 이는 토지가 나라의 근본이기 때문이다. 근본을 바로 세우지 않고서는 군주가 바른 정치를 하고자 해도 뜻을 이루기가 어렵다. 그런데 부자들은 한없이 넓은 토지를 가지고 있고 가난한 사람은 송곳 꽂을 땅도 없게 되었다. ㉠따라서 부유한 자는 더욱 부유해지고 가난한 자는 더욱 가난해졌다. (유형원, 〈반계수록〉 중에서)

이익 이익은 한 사람이 가질 수 있는 땅의 크기를 제한하여 한 사람이 넓은 땅을 갖지 못하게 하자고 주장했다.

> 재물이란 하늘이 내리는 것이 아니라 백성들의 피와 땀에서 나오는 것이다. ㉡백성이 부유하면 나라도 부유해진다. (이익, 〈성호사설〉 중에서)

정약용 정조의 신임을 받고 규장각에서 오랫동안 활동한 정약용은 화성 건설에도 참여했으나, 정조가 죽은 후 천주교도로 몰려 18년 동안 유배지에서 학문 연구에만 정진하여 실학을 집대성했다. 정약용은 마을 사람들이 땅을 공동 소유하고 일한 만큼 수확물을 나누어 갖자고 주장했다. 한편 정약용은 관리들이 백성을 수탈하는 일이 없어야 백성들이 편하게 살 수 있음을 강조하며 관리들이 해야 할 도리를 적은 〈목민심서〉, 국가 정치를 바로잡는 방법을 적은 〈경세유표〉, 법 집행에 관해 적은 〈흠흠신서〉를 펴냈다.

1 농업을 중시하는 실학자들을 무엇이라고 부르나요?

重 農 학 파
무거울 중 농사 농

2 중농학파 실학자들은 당시 토지 제도의 문제점을 무엇으로 보았나요?

3 유형원은 ㉠과 같은 현상이 왜 벌어진다고 생각했나요?

4 이익은 ㉡과 같이 되려면 어떻게 해야 한다고 주장했나요?

5 다음 중농학파 실학자들이 주장한 토지 개혁을 비교해서 말해 보세요. 누구의 주장이 가장 바람직하다고 생각하나요?

유형원   이익   정약용

상공업에 관심이 많은 실학자들은 상업과 무역을 활발하게 해야 나라가 부강해질 수 있다고 주장했다.

상공업에 대한 관심

상공업이 중요하다고 생각한 실학자들은 상업과 공업이 발달해야 나라가 부강해질 수 있다고 믿었다. 이렇게 상공업 중심의 개혁을 주장한 실학자를 중상학파라고 부른다. 이들은 대부분 한양의 도시적 분위기에서 성장했고 청나라를 다녀왔다. 박지원, 박제가, 홍대용 같은 학자들로서, 이들은 청나라의 새로운 문물을 적극적으로 받아들여야 한다고 주장했다.

중상학파 – 박지원, 박제가, 홍대용

박지원 박지원은 조선 후기의 실학자 겸 소설가로 청나라를 다녀와서 쓴 여행기인 〈열하일기〉에서 상업을 권장하고 새로운 문물을 받아들일 것을 주장했다.

> 오늘날 사람들이 진실로 ㉠오랑캐를 물리치려면 중국의 옛 문물을 모두 배워서 우리나라 풍속의 어리석음을 먼저 고쳐야 한다. 농사에 힘쓰고 상공업을 발전시키는 것에 이르기까지 어느 것이고 배워서 다른 이가 10가지를 하면 우리는 100가지를 하여 먼저 우리 백성을 이롭게 하고, 우리 백성들로 하여금 무기를 만들어서 저들의 견고한 갑옷과 날카로운 무기를 격파할 수 있게 한 다음에야 중국에는 볼 만한 것이 없다 하여도 좋을 것이다. (〈열하일기〉 중에서)

박제가 박제가는 서얼 출신으로 정조의 총애를 받으며 규장각에서 활동했고, 청나라를 여러 차례 방문했다.

> ㉡재물은 샘과 같은 것이다. 퍼서 쓰면 차고 버려두면 말라 버린다. 이와 마찬가지로 비단옷을 입지 않으면 비단 짜는 사람이 없어지고 쭈그러진 그릇을 그냥 사용하고 좋은 그릇을 찾지 않으면 기술이 없어지게 된다. 결국 농업도 쇠퇴하고 양반, 농민, 수공업자, 상인 모두가 가난하게 된다. (〈북학의〉 중에서)

홍대용 홍대용은 박지원, 박제가 등과 교류했으며, 청나라 베이징에서 60여 일 간 머물면서 서양 선교사들을 찾아가 서양 문물을 경험했다. 홍대용의 과학 사상은 〈의산문답〉에 고스란히 담겨 있다.

> 심하다, 너의 둔함이여, 달이 지구의 그림자에 가리면 월식이 되는데, 가려진 모양이 둥근 것은 땅 모양이 둥글기 때문이다. 월식은 땅의 거울이다. 월식을 보면서도 땅이 둥근 줄 모르는 것은 거울에 자기 얼굴을 비추면서도 그 얼굴을 분별하지 못하는 것과 같으니 어찌 어리석다 하지 않겠느냐.” (〈의산문답〉 중에서)

1 상공업을 중시하는 실학자들을 무엇이라고 부르나요? 청나라에 다녀온 학자들이 주로 중상학파가 된 이유는 무엇일까요?

重商학파
무거울 중 장사 상

2 ㉠의 오랑캐는 어느 나라를 말하나요? 박지원의 주장은 무엇인가요?

박지원(1737~1805)

3 ㉡을 보고 박제가가 주장하는 것이 무엇인지 말해 보세요.

박제가(1750~1805)

4 다음 중 홍대용이 주장하고 있는 내용은 무엇인가요?

홍대용(1731~1783)

5 중상학파가 주장한 내용을 표어로 만들어 보세요.

04 우리 건을 연구하자!

실학자들의 사회에 대한 관심은 우리의 역사와 문화로까지 확대되어 우리 고유의 역사, 언어, 지리, 자연 등에 대해 연구했습니다.

역사 – 유득공의 〈발해고〉

발해 역사 연구에 관심이 많았던 유득공은 〈발해고〉에서 발해가 고구려 후손들이 세운 나라임을 밝혀 발해를 우리 역사로 다루었다.

> 부여씨가 망하고 고구려의 고씨가 망한 다음, 신라의 김씨가 남방을 차지하고 발해의 대씨가 북방을 차지하고는 발해라 하였으니, 이를 남북국이라고 한다. 남북국에는 남북국의 역사가 있었을 텐데, ㉠고려가 편찬하지 않은 것은 잘못이다. 저 발해의 대조영이 어떤 사람인가? 바로 고구려 사람이다. 그들이 차지하고 있던 땅은 어떤 땅인가? 바로 고구려 땅이다.

언어 – 유희의 〈언문지〉

유희는 〈언문지〉에서 한글의 우수성과 실용성을 강조하여 ㉡언어에서도 실학 정신을 보여 주었다.

> 언문은 중국 글자에 비해 우수한 점이 두 가지 있다. 첫째, 중국 글자는 여러 가지 방법으로 만들어 모양이 어지럽다. 이에 비해 언문은 가운뎃소리로 잇고, 끝소리로 가운뎃소리를 이어 부녀자들도 그 변화를 쉽게 깨달을 수 있다. 하지만 오늘날 사람들이 중국 글자를 존중하고 언문을 천시하는 것은 단지 어려운 것을 존중하고 쉬운 것은 천시하기 때문이니 가소로울 따름이다.

지리 – 신경준의 〈산경표〉와 김정호의 〈대동여지도〉

신경준은 우리나라의 산줄기에 대해 연구하여 산의 계보를 체계적으로 정리하고 산줄기에 이름을 붙였다. 〈산경표〉는 산줄기의 흐름을 나타낸 표라는 뜻이다. 김정호는 오랫동안 쌓인 지도 제작 기술과 지식을 바탕으로 〈대동여지도〉를 제작하였다. 〈대동여지도〉는 전국의 산(산줄기)과 강(물길), 도로 등을 자세하게 나타내고 기호를 사용하여 다양한 정보를 알기 쉽게 표현한 우리나라 전국 지도이다. 오늘날의 지도와 비교해도 큰 차이가 없을 만큼 정확하다. 목판 인쇄로 대량 제작하여 사람들이 실제 생활에 들고 다니면서 이용할 수 있도록 했다.

자연 – 정약전의 〈자산어보〉

정약전이 흑산도로 유배 가서 쓴 책으로 여기서 말하는 자산은 흑산도를 뜻한다. 흑산도 부근의 바다생물을 조사하고 채집한 기록이 바로 〈자산어보〉이다. 총 227종류의 물고기의 이름과 생김새는 물론 특징과 습성 그리고 쓰임새까지 아주 자세하게 나와 있다.

1 실학자들은 왜 발해에 관심을 가졌을까요? 유득공이
㉠처럼 고려를 비판한 이유는 무엇인가요?

유득공, 〈발해고〉(1784) ▶

2 유희가 〈언문지〉에서 주장하고 있는 내용은 무엇인가요?
㉡처럼 말한 이유는 무엇인가요?

유희, 〈언문지〉(1824) ▶

3 다음은 신경준의 산경표(1769년경)와 김정호의 대동여지도(1861)입니다.
대동여지도를 대량 제작할 수 있었던 이유는 무엇인가요?

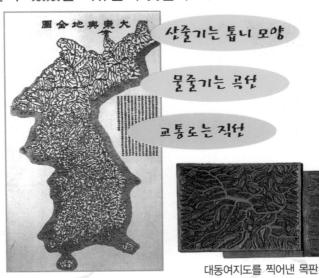

산줄기는 톱니 모양

물줄기는 곡선

교통로는 직선

대동여지도를 찍어낸 목판

4 정약전의 〈자산어보〉에서 자산은 무슨 뜻인가요?

정약전, 〈자산어보〉(1814) ▶

실학자 소개하기

다음 실학자들이 누구인지 이름을 쓰고
가장 마음에 드는 실학자를 한 명 골라 소개해 보세요.

보기   유형원   이익   박지원   박제가   홍대용   정약용

4 세도 정치와 농민 봉기

공부하고 스스로 평가하기

○ 세도 정치와 세도 정치의 폐해를 말할 수 있다. ☆☆☆☆☆

○ 세도 정치 시기 종교와 유언비어 등이 유행한 이유를 말할 수 있다. ☆☆☆☆☆

○ 홍경래 난의 전개 과정을 말할 수 있다. ☆☆☆☆☆

○ 진주 농민 봉기의 전개 과정을 말할 수 있다. ☆☆☆☆☆

정조가 죽은 뒤 순조, 헌종, 철종의 3대 약 60여 년 동안 안동김씨, 풍양조씨 등 특정 가문이 권력을 독점하는 비정상적인 세도 정치가 이어졌습니다.

정조의 갑작스런 죽음(1800)

정조는 화성 행차 5년 후인 1800년 등과 머리에 종기가 나서 49세의 젊은 나이에 죽었다. 정조가 갑자기 세상을 떠나자 정조의 아들인 11살의 어린 세자, 순조가 왕위에 올랐다. 왕이 너무 어려서 정사를 돌볼 수 없었기 때문에 정조의 할머니인 정순왕후가 왕실의 최고 어른으로 수렴청정을 하게 되었다. 수렴청정이

정조의 무덤(건릉, 수원화성)

란 나이 어린 임금을 대신하여 왕실의 어른이 나랏일을 돌보는 것이다. 그런데 정순왕후는 정조가 공들여 키워낸 인재들을 천주교를 믿는다는 죄목으로 처형하거나 귀양 보내고, 규장각과 장용영도 없애고 탕평책도 펴지 않았다.

> **수렴청정(垂**드리울수 **簾**발렴 **聽**들을청 **政**정사정) : 발을 드리고 정사를 듣는 일
> : 나이 어린 임금이 보위에 올랐을 때 왕대비 또는 대왕대비가 어린 임금 대신 정사를 돌보는 것

세도 정치 - 순조, 헌종, 철종

순조는 안동김씨 가문의 김조순의 딸을 왕비로 맞이했다. 정순왕후가 죽고 순조가 직접 정치를 했지만 15세의 소년 왕은 실권이 없었고 순조의 장인인 김조순 가문의 안동김씨 사람들이 정치를 좌지우지했다. 나라를 다스리는 중요한 벼슬은 모두 자기 집안 사람들을 앉히고, 나라 살림을 마음대로 주물렀다. 이렇게 특정 가문이 권력을 독차지하고 멋대로 정치를 좌지우지하는 것을 세도 정치라고 부른다. 이제는 안동김씨 가문에 줄을 대지 않고는 벼슬을 할 수가 없었다. 고을 수령 자리는 2~3만 냥, 감사 자리는 5~6

김조순 초상

만 냥을 주고 사야 했다. 벼슬을 사서 관리가 되면 그 돈을 메우려고 농민들을 쥐어짰다. 이러한 세도 정치는 순조에 이어 헌종, 철종으로 이어지는데 그 기간이 무려 60년이나 되었다.

> **세도 정치(勢道政治)** : 왕실의 친척이나 신하가 강력한 권력을 갖고 온갖 정사(政事)를 마음대로 하는 정치.

1 정조가 죽은 후 왕위를 물려받은 왕은 누구인가요?

2 순조는 몇 살 때 왕위에 올랐나요? 순조가 너무 어려서 왕 대신 누가 정사를 돌보았나요? 이러한 정치를 무엇이라고 부르나요?

3 세도 정치란 무엇인가요? 다음 도표를 완성하면서 조선 후기 세도 정치를 정리해서 발표해 보세요.

왕 이름			
재위 기간	1800~1834	1834~1849	1849~1863
왕비 가문	순원왕후 (김조순의 딸)	신정왕후 (조만영의 딸)	명순왕후 (김문근의 딸)
세도 가문			

4 세도 정치의 문제점을 두 가지만 말해 보세요.

① ....

② ....

> 백성들이 힘겨운 생활을 버티기 위해 뭔가 의지할 것을 찾게 되면서 종교 혹은 예언 사상이나 민간 신앙이 유행했습니다.

백성들의 생활 – 화전민의 증가

세도 정치가 시작되면서 백성들의 삶은 날이 갈수록 힘들어졌다. 대다수 농민들은 남의 땅에서 농사를 짓거나 세금이 무서워 고향을 떠나 이리저리 떠돌아다니거나 산으로 들어가 화전민이 되었다. 또 홍수나 가뭄과 같은 재해가 계속되고 전염병마저 돌아 백성들의 고통은 더욱 커져만 갔다. 박제가의 〈북학의〉에는 당시 가난한 농민들의 생활이 잘 나타나 있다.

> 두메산골의 백성들은 화전을 만들고 나뭇가지를 자르느라 열 손가락이 모두 무지러지고, 해진 솜옷을 10년 넘게 입고 있었습니다. 집은 허리를 굽혀야 들어갈 수 있고, 연기에 그을리고 흙으로 바르지도 않았습니다. 그리고 깨어진 주발에 밥을 담았으며 소금도 치지 않은 나물이 반찬이었습니다. 부엌에는 나무 숟가락과 물동이만 있어 그 까닭을 물어보니 쇠가마와 놋숟가락은 빌린 쌀 대신 넘겨 주었다는 것입니다. (박제가의 〈북학의〉 중에서)

다양한 민간 신앙의 유행

백성들은 생활이 힘들어지자 여러 종교에 의지하며 힘든 삶을 이어 갔다. 사람은 모두 평등하다는 천주교를 믿는 사람들, 사람이 곧 하늘이라는 동학을 믿는 사람들도 늘어났고, 이런 썩은 세상을 뒤집고 새로운 나라를 세울 사람이 나타날 거라는 유언비어도 널리 퍼져 나갔다. 이 가운데 가장 널리 퍼진 것은 〈정감록〉이었다. 〈정감록〉은 '정감' 과 '이심' 이라는 두 사

람이 금강산을 구경하면서 주고받는 이야기로 되어 있는데, 이씨 왕조는 운수가 다했고 정씨가 새 왕조를 열어 새 세상을 이룬다는 내용이었다. ㉠나라에서는 〈정감록〉을 불태우고 그 책을 보거나 그 내용을 말하는 사람들을 엄벌에 처했다. 그러나 아무리 막아도 〈정감록〉은 계속 퍼져 나갔다. 백성들은 또한 민간 신앙에 의지하여 불행에서 벗어나고자 했다. 마을 뒷산의 큰 나무나 바위에 빌고 무당을 불러 굿을 하는 등 세상이 살기 좋게 바뀔 것이라는 희망을 가지게 하는 민간 신앙에도 의지했다.

1 세도 정치 시기 백성들의 생활이 어떠했는지 말해 보세요.

2 화전민이 무엇인가요? 백성들이 화전민이 된 이유는 무엇인가요?

火 田 民
불 화 밭 전 백성 민

- -

3 천주교나 동학을 믿는 사람들이 늘어난 이유는 무엇인가요?

4 나라에서 ㉠과 같이 한 이유는 무엇일까요?

5 다음은 세도 정치 시기 백성들이 믿고 의지한 신앙이나 예언 사상들입니다.
백성들이 구체적으로 무엇을 믿고 의지했는지 써 보세요.

종교

예언 사상

민간 신앙

홍경래는 1811년(순조 11) 평안도 일대에서 지역 차별 철폐와 백성들이 잘살 수 있는 사회를 꿈꾸며 봉기를 일으켰습니다.

평안도에 대한 차별을 없애라!

㉠안동김씨의 세도 정치가 한창일 때 평안도에 홍경래라는 젊은이가 살았다. 홍경래 집안은 양반이긴 하지만 매우 가난했다. 어려서부터 총명했던 홍경래는 서울로 올라가 과거 시험을 보았으나 과거 시험에서 떨어졌다.

"평안도 출신이라고 나를 떨어뜨리다니, 정말 썩어빠진 세상이구나."

당시 평안도 사람들은 다른 지방 사람들과 달리 차별을 받았다. 그래서 과거에 합격해도 높은 벼슬을 주지 않았고 이유 없이 무시당하기도 했다.

홍경래는 봉기를 일으키기로 마음먹고 자기와 뜻을 같이할 사람들을 끌어모았다. 그리고 다복동에 훈련장을 만들어 놓고 사람들에게 총쏘기, 말타기 같은 군사 훈련을 시키며 10년 동안 치밀하게 준비했다.

홍경래는 백성의 마음을 자기편으로 끌어들이기 위해 이런 말도 퍼뜨렸다.

㉡"머지않아 홍씨 성을 가진 이가 나와 세상을 구한대."

이런 이야기들은 백성들 사이에 곧바로 퍼져 나갔다.

1811년 12월 18일 드디어 홍경래는 봉기의 깃발을 높이 들었다.

"썩은 세상을 뒤집어 엎고 백성이 살기 좋은 세상을 만들자!"

홍경래가 이끄는 군사들은 3일 만에 7개 고을을 손에 넣었고, 10일 만에 청천강 이북 지역을 장악했다. 그러나 시간이 지나면서 봉기군은 점점 관군에게 밀려 후퇴하다 정주성으로 들어갔다. 관군은 정주성을 겹겹이 포위하고 성벽 밑에 굴을 파고 굴 속에 화약을 잔뜩 집어 넣은 다음 불을 붙였다. 화약이 대폭발을 일으키면서 성벽이 무너져 내렸다. 그 틈을 타 관군은 성 안으로 밀고 들어가 정주성을 함락시켰다.

결국 정주성은 홍경래가 봉기를 일으킨 지 100일 만에 함락되었으며 이때 홍경래도 죽음을 당했다. 그러나 농민들은 자신들도 지배층에 맞서 싸울 수 있다는 자신감을 얻었다. 그 자신감은 50년 뒤 진주를 비롯한 남부 지방에서 농민 봉기가 일어나는 데 큰 힘이 되었다.

1 홍경래 난은 어느 왕 때 일어난 봉기인가요? ㉠을 보고 말해 보세요.

2 다음 글을 읽고 서쪽 땅이 어디를 가리키는지 말해 보세요.

> 조정은 서쪽 땅을 마치 더러운 흙과 같이 내버렸다. 심지어 권문세가의 노비들도 서쪽 땅 사람을 보면 반드시 평안도 놈이라 일컫는다. 서쪽 땅에 있는 사람들 가운데 어찌 억울하고 원통치 않은 자가 있겠는가.

3 홍경래가 사람들을 훈련 시켰던 다복동을 지도에 서 찾아보세요.

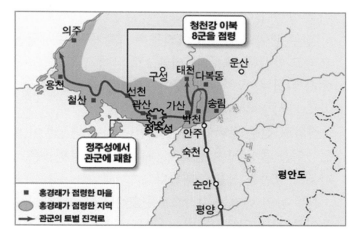

4 홍경래가 관군한테 밀려 들어간 성을 어디인가요? 지도에서 찾아보세요.

5 홍경래 난을 통해 백성들이 얻은 것은 무엇인가요?

04 진주 농민 봉기 (1862)

1862년 경상도 진주에서는 부당한 세금 제도의 개혁을 요구하며 농민들이 들고 일어났고, 전국적으로 농민 봉기가 일어났습니다.

1862년 진주 농민 봉기

홍경래의 난이 진압된 후에도 세도 정치는 여전해서 백성들의 불만은 계속 쌓여만 갔고, 농민들의 저항은 이곳저곳에서 끊임없이 일어났다.

당시 나라에서는 양반에게는 세금을 물리지 않으면서 백성에게는 어린아이나 죽은 사람의 세금까지 내게 하였다. 따라서 백성들의 원망이 커져 갔고, 1862년 2월 마침내 경상도 진주에서 그동안 쌓이고 쌓였던 농민들의 불만이 폭발했다.

단성 향교(진주 농민 봉기가 시작된 곳)

"진주 관아의 수령과 아전들은 그렇게 많은 세금을 거두고도 모자라, 없는 곡식을 내놓으라고 합니다. 모두 다 세금으로 긁어 가고도 또 내놓으라니, 우리보고 다 굶어죽으라는 얘기 아닙니까? 아무리 찾아가서 얘기를 해도 우리 얘기는 들은 척도 하지 않습니다. 관아로 가서 우리의 힘을 보여 줍시다!"

경상도 진주 장터에 수만 명이나 되는 백성들이 머리에 흰 수건을 두르고 손에는 나무 몽둥이를 들고 모여 관아로 쳐들어갔다. 농민들은 그 동안 괴롭혔던 ㉠진주 수령을 잡아 가두고 양반의 집을 불태웠다.

진주 농민 봉기를 시작으로, 1862년 한 해에만 무려 제주를 비롯한 전국 71곳에서 농민들이 봉기를 일으켰는데, 이것을 통틀어 임술 농민 봉기라고도 한다. 임술 농민 봉기는 경남 진주에서 시작해 전라도, 충청도로 삽시간에 번졌다.

┃ 봉기란 무슨 뜻인가요?

蜂 起
벌 봉 일어날 기

2 백성들은 왜 세금 제도에 불만을 가졌나요?

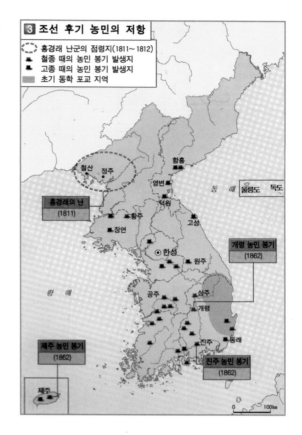

③ 조선 후기 농민의 저항

- ⬭ 홍경래 난군의 점령지(1811~1812)
- ⛏ 철종 때의 농민 봉기 발생지
- ⛏ 고종 때의 농민 봉기 발생지
- ▦ 초기 동학 포교 지역

홍경래의 난 (1811)

개령 농민 봉기 (1862)

제주 농민 봉기 (1862)

진주 농민 봉기 (1862)

3 진주의 농민들이 ㉠과 같은 행동한 이유는 무엇인가요?

4 진주 농민 봉기와 임술 농민 봉기가 어떻게 다른 설명해 보세요.

진주 농민 봉기

임술 농민 봉기

상상해 보기

세도 정치 시기 농민들의 비참한 생활을 떠올리며,
나라면 어떻게 했을지 상상해 봅시다.

농민봉기

동학

천주교

정감록

민간신앙

[제14회 24번 문제]
1. 다음을 발표한 이유로 옳은 것은? [3점]

남과 두루 친하되 편당을 가르지 않는 것이 군자의 마음이니, 탕평비를 세워 이를 널리 알리고자 하노라.

① 외세의 침략을 막기 위해
② 천주교 믿는 것을 막기 위해
③ 경복궁 중건을 기념하기 위해
④ 신하들의 다툼과 나뉨을 막기 위해

[제12회 17번 문제]
2. 선생님의 설명 중 (가)에 들어갈 수 있는 것으로 옳지 않은 것은?

이 지도가 만들어진 시기에 (가) 와(과) 같은 책들이 편찬되었어요.

실학의 등장

①「택리지」   ②「동사강목」
③「동국여지승람」   ④「훈민정음운해」

[제15회 초급 25번 문제]
3. 다음은 조선 후기에 있었던 가상 대화이다. 가방 속에 들어 있을 물건으로 적절하지 않은 것은? [3점]

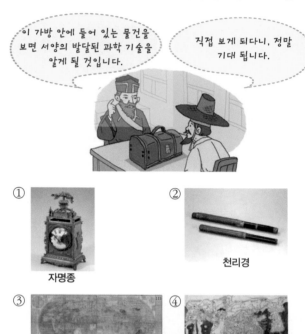

이 가방 안에 들어 있는 물건을 보면 서양의 발달된 과학 기술을 알게 될 것입니다.

직접 보게 되다니, 정말 기대 됩니다.

① 자명종

② 천리경

③ 곤여만국전도

④ 혼일강리역대국도지도

[제18회 29번 문제]
4. 다음 종교에 대한 설명으로 옳지 않은 것은? [2점]

〈창시자〉 최제우

〈주요 사상〉
- 인내천: 사람이 곧 하늘이다.
- 후천 개벽: 지금의 세상이 끝나고 새로운 세상이 열릴 것이다.

① 교리책으로 천주실의가 있다.
② 서학에 대항하기 위하여 만들어졌다.
③ 민간신앙, 유교, 불교 등이 녹아 있다.
④ 나라에서 금하였으나 널리 퍼져 나갔다.

이 곳에 가고 싶어요

이번 달에 배운 유적지 중 가장 가보고 싶은 곳 하나를 골라
답사 계획서를 작성해 보세요.

유적지	
유적지 주소	
답사 예정 날짜	함께할 사람
가보고 싶은 이유	
더 조사하고 싶은 내용	

답사 여행을 다녀와서

재미있게 답사를 잘 다녀왔지요? 보고서로 정리하면
더욱더 잊혀지지 않는 추억이 된답니다.

이름		날짜	년	월	일

유적지 이름	

같이 간 사람	

내가 본 유물과 유적	

느낀 점	

더 알고 싶은 점	

예시답안

1차시 영조·정조 시대 　03쪽~

01. 영조의 탕평 정치

1. 붕당 : 정치하는 사람들의 무리 / 같은 고향이나 같은 스승 밑에서 공부한 사람들
2. '홍범조'에서 탕탕(蕩蕩)과 평평(平平)을 찾아서 동그라미한다. / 넓고 평평하다. 어느 편에도 치우치지 않는다는 뜻.
3. 장차 관리가 될 성균관 학생들에게 붕당에 들어가지 말라는 뜻을 전하기 위해서 / 자신의 생각을 자유롭게 써 본다.
4. 균역법 : 백성들에게 베 두 필을 세금으로 거뒀던 것을 한 필로 줄여 백성들의 부담을 덜어준 세금 제도 / '신문고'라는 북을 달아 왕이 직접 억울한 백성들의 사정을 듣는 것

02. 정조의 개혁 정치

1. 붕당 간의 싸움에 휘둘리지 않고 나라를 바로 세우기 위해서
2. 규장각 : 왕실 도서관을 세워 자신의 뜻을 따라줄 신하들을 길러냈다.
   장용영 : 정조를 지키는 군대
3. ② 정약용
4. 규장각과 외규장각은 왕실 관련 도서를 보관하는 왕실 도서관으로 규장각은 창덕궁 안에 있던 도서관이고 책들은 현재 서울대 규장각에 보관되어 있다. / 외규장각은 강화도에 있는 규장각 부속 도서관으로 프랑스군이 강화도를 침입했을 때 일부 도서를 약탈해 갔다.

03. 정조의 화성 건설

1. 거중기 : 위·아래 네 개의 도르래를 끈으로 연결한다. 도르래를 움직일 끈을 물레에 연결한다. 아래 도르래에 돌을 달고 물레를 돌린다.
   녹로 : 두 개의 나무 막대기 사이에 도르래를 달고 끈을 물레에 연결한다. 반대편 끈에 돌을 달고 물레를 돌린다.
2. 사대문 : (위에서 시계 방향으로) 장안문(북쪽문), 창룡문(동쪽문), 팔달문(남쪽문), 화서문(서쪽문)
   주요 건축물 : (위에서 시계 방향으로) 화홍문(화성 북쪽에 있는 수문), 봉돈(봉화 연기를 피우는 봉수대), 서장대(장수가 군사를 지휘하던 곳), 서북공심돈(속이 빈 군사 시설)

04. 정조의 화성능행도

1. 〈알성도〉맨 아래에서 성묘 참배를 구경하는 백성들을 찾아본다. / 백성들이 자유롭게 행사를 구경하고 있다.
2. 먼저 〈시흥환어행렬도〉위쪽에서 말을 탄 정조와 어머니 혜경궁 홍씨가 탄 가마를 찾는다. 첫 번째, 두 번째 장면은 가마 위쪽, 세 번째 장면은 가마 아래 편에 있다. / 그림을 보고 자유롭게 자신의 생각을 말해 본다. 예) 임금님이 계시는 곳인데 고개 숙이고 있지 않고 자유롭게 앉아서 구경하는 모습을 보니 백성들이 정조 임금을 어려워하지 않고 친근하게 생각하고 있음을 느낄 수 있다.

2차시 서양 문물과 서학의 전래 　13쪽~

01. 서양 문물의 전래

1. ③ 선교사
2. ④ 해시계
3. 〈혼일강리역대국도〉에서 중국은 세계의 중심으로 크게 그려져 있다. 〈곤여만국전도〉에서 중국은 다른 나라와 비슷한 크기로 그려져 찾기가 쉽지 않다. / 자유롭게 자신의 생각을 말해 본다. 예) 세상에는 정말 많은 나라들이 있구나.
4. 하멜표류기

02. 천주교(서학)의 전래

1. 천주교 신앙을 전파하기 위해서
2. 서양 학문 / 자신의 생각을 자유롭게 말해 본다. 예) 서양에서 온 물건들은 너무 신기해서 자세히 알고 싶어. 서양에서 온 물건들은 귀신이 씌여 있으니 절대 가까이해선 안 돼.
3. 지은이 : 마테오 리치
   책내용 : 천주교 교리책
   언어 : 한문, 한글
4. 베이징 천주교회 / 베드로 / 교리서, 십자가상, 성화, 묵주 등

03. 천주교의 확산과 박해

1. 당시 신분 차별을 받던 백성들에게 천주교는 양반과 천민, 남자와 여자를 구분하지 않고 세상 모든 사람은 평등하고 착하게 살면 천국에 갈 수 있다고 했기 때문에
2. 천주교를 믿는 사람들이 유교 국가 조선에서 중요시하는 조상에 대한 제사를 지내지 않자 천주교가 고유의 풍속을 해친다고 생각했기 때문에
3. 어머니가 돌아가셨지만 제사를 지내지 않고 신주를 불태웠기 때문에
4. 자유롭게 자신의 생각을 써 본다.

04. 동학의 탄생(1860)

1. 조선의 풍습을 어지럽히는 서학에 맞서 우리 고유의 것을 지키기 위해서
2. 인내천 : 사람이 곧 하늘, 모든 사람이 평등하다.
   후천개벽 : 뒤에 하늘이 열린다. 지금 세상이 끝나고 백성들이 바라는 새로운 세상이 열릴 것이다.
3. 동학이 인내천, 후천개벽 사상과 함께 부패관리 처벌, 신분 차별 폐지, 토지 균등 분배 등을 주장했기 때문에
4. 신분 차별이 엄격한 조선 사회에서 동학은 조선을 어지럽히고 백성을 속이는 종교이기 때문에
5. 공통점 : 모든 사람은 평등하다.
   차이점 : 천주교는 하느님을 유일신으로 믿지만 동학은 전통 민간 신앙과, 유교, 불교, 천주교의 장점이 합쳐져 있다.

예시답안

3차시 실학의 등장 　　　　23쪽~

01. 실학의 등장

1. 실생활에 필요한 학문
2. 유학자 : 중국이 세계의 중심이다.
   실학자 : 중국은 중국이 중심이고 조선은 조선이 중심이다. 누구나 자신이 밟고 있는 땅이 중심이다. 중심과 변두리가 따로 있는 게 아니라 모두가 중심인 것이다.
3. O / O / ×
   한반도의 역사와 지리를 연구해 우리 것에 관심을 가져야 한다. (O)
   중국은 세상의 중심이니 무조건 중국을 따라하면 된다. (×)

02. 토지 제도를 개혁하자!

1. 중농학파
2. 농민이 자기 땅을 갖지 못하는 것
3. 땅을 백성들에게 골고루 나누어 주지 않아 부자들이 한없이 넓은 토지를 가졌기 때문에
4. 한 사람이 가질 수 있는 땅의 크기를 제한해 한 사람이 넓은 땅을 갖지 못하게 해서 농민들이 자기 땅을 가지면 백성들이 부강해지면 나라가 부강해진다.
5. 유형원 : 토지를 균등하게 분배하자.
   이익 : 한 사람이 가질 수 있는 땅의 크기를 제한하자.
   정약용 : 땅을 공동 소유하고 수확물도 공동 분배하자.
   자유롭게 자신의 생각을 말해 본다.

03. 상공업을 발전시키자!

1. 중상학파 / 청나라의 새로운 문물을 접하고 상업과 공업이 발달해야 나라가 부강해질 수 있다고 믿었기 때문에
2. 청나라 / 중국의 농업과 상공업을 배우자.
3. 시장에서 물건 판매와 구매가 활발하게 이루어져야 한다.
4. 지구는 둥글다.
5. 중상학파가 주장하는 것을 정리해 자유롭게 표어를 만들어 본다. 예) 내가 사는 짚신 한 짝이 나라를 살린다. 적을 알고 나를 알면 백전백승이다.

04. 우리 것을 연구하자!

1. 발해는 고구려 땅에 세워진 우리 역사이기 때문에 / 발해를 우리 역사에 포함시키지 않았기 때문에
2. 한글의 우수성과 실용성 / 한글은 백성들도 쉽게 배울 수 있는 백성을 위한 글자이기 때문에
3. 목판 인쇄 했기 때문에
4. 흑산도

4차시 세도 정치와 농민 봉기 　　　　33쪽~

01. 세도 정치(1800~1863)

1. 순조
2. 11살 / 정조의 할머니 정순왕후 / 수렴청정
3. 특정 가문이 권력을 독차지하고 나라 살림을 마음대로 하는 정치 /순조, 헌종, 철종 / 안동김씨, 풍양조씨, 안동김씨
4. ① 돈을 받고 벼슬을 판다.
   ② 돈을 주고 벼슬을 산 관리는 그 돈을 메우려고 농민들을 괴롭힌다.

02. 조선 후기의 민간 신앙

1. 대다수 농민들은 남의 땅에서 농사를 짓고 세금을 피해 떠돌이 생활을 하거나 산으로 들어가 화전민이 되었다
2. 산에 불을 놓아 밭을 만들어 농사짓고 살아가는 사람들 / 세금을 낼 수 없어 고향을 떠나 농사지을 땅이 없어 산에 들어가 화전민이 되었다.
3. 생활이 힘들어지자 여러 종교에 의지하게 되었기 때문에
4. 〈정감록〉에서 조선을 다스리는 이씨 왕조는 사라지고 '정'씨가 새 왕조를 열어 새 세상을 이룬다고 했기 때문에
5. 종교 : 동학, 천주교
   예언 사상 : 썩은 세상을 뒤집고 새로운 나라를 세울 사람이 나타날 것이다.
   민간 신앙 : 마을 뒷산 큰 나무나 바위에 빌고 무당을 불러 굿을 한다.

03. 홍경래의 난(1811)

1. 순조
2. 평안도
3. 지도 위쪽에서 다복동을 찾아본다.
4. 정주성 / 지도에서 정주성을 찾아본다.
5. 자신들도 지배층과 맞서 싸울 수 있다는 점

04. 진주 농민 봉기(1862)

1. 벌떼처럼 떼를 지어 일어나다.
2. 돈이 많은 양반에게는 세금을 거두지 않으면서 백성들은 세금을 낼 필요가 없는 어린아이와 죽은 사람들까지 세금을 거두었다.
3. 수령과 양반들이 백성들을 괴롭혔기 때문에, 수령들한테 세금이 너무 많다고 아무리 말해도 들어주지 않아서
4. 진주 농민 봉기 : 진주의 백성들이 진주에서 일으킨 봉기
   임술 농민 봉기 : 진주 농민 봉기에 자극받아 전라도, 충청도 등으로 퍼져 나가 임술년에 벌어진 모든 농민 봉기

기출문제 풀어보기 　1. ④　2. ③　3. ④　4. ①　　43쪽